AF280667

Verlag: BoD · Books on Demand GmbH,
Überseering 33, 22297 Hamburg, bod@bod.de
Druck: Libri Plureos GmbH, Friedensallee 273,
22763 Hamburg
ISBN: 978-3-8192-1266-6

Zwischen Zitronen und Schneeluft

Tra limoni e aria die neve

Antonia Greco

Für meine Eltern,
die den Mut hatten, zweimal von vorn zu beginnen –
und dabei alles getragen haben, damit wir Wurzeln
schlagen konnten.
Euer Fleiß und eure Opfer haben mich geprägt,
auch wenn wir oft mehr schwiegen als sagten.

Für meinen Bruder,
den ich durch Kindheit, Umbruch und Neuanfang
begleitet habe –
damals, ohne zu wissen, wie viel Verantwortung das
war.
Heute weiß ich, wie tief unser Band war und ist.

Für meinen Sohn,
der in Frieden aufwächst –
mit all den Fragen, Geschichten und Hoffnungen,
die durch ihn weiterleben.
Mögest du wissen, woher du kommst –
und immer frei sein, zu wählen, wohin du gehst.

Ai miei genitori,
che hanno avuto il coraggio di ricominciare due volte
–
portando tutto sulle spalle,
perché noi potessimo mettere radici.
La vostra fatica e i vostri sacrifici mi hanno
insegnata,
anche se spesso abbiamo taciuto più che parlato.

A mio fratello,
che ho accompagnato attraverso l'infanzia,
lo sradicamento e un nuovo inizio –
senza sapere, allora,
quanto grande fosse quella responsabilità.
Oggi so quanto profondo fosse – e sia – il nostro
legame.

A mio figlio,
che cresce in pace –
con tutte le domande, le storie e le speranze
che in lui continuano a vivere.
Che tu possa sapere da dove vieni –
e restare sempre libero di scegliere dove andare.

„Zwischen Zügen und Zeiten"

Wir kamen mit Taschen voll Träumen,
und Händen, bereit für das Brot.
Die Sprache – fremd wie der Himmel,
doch die Hoffnung war unser Boot.

Sie sagten: „Nur kurz", ein paar Jahre,
wir glaubten an Rückkehr und Ruhm.
Doch Jahre wurzeln wie Bäume,
und Fremde wird still zum Kostüm.

Wir bauten die Häuser, die Brücken,
die Städte aus Stahl, Stein und Schweiß.
Doch blieben Gesichter im Nebel –
man sah uns zum Teil, doch niemals ganz.

Wir schrieben Briefe nach Süden,
wo Verwandte noch warten.
Doch in Zügen und Schichten verflog
unsere Jugend in Deutschlands Garten.

Heimat? Ein Wort mit zwei Klingen,
eins schneidet dort, eins hier.
Wo dein Herz in zwei Sprachen schlägt,
verlierst du das „Wir" oft in dir.

Und unsere Kinder, geboren in Schatten,
zwischen Welten – kein Ufer in Sicht.

Sie sprechen die Sprache des Landes,
doch tragen das andere Gesicht.

Zu Hause, doch ständig gefragt:
„Woher kommst du wirklich, mein Kind?“
Im Pass steht die Antwort in Tinte,
doch nicht, was im Innern beginnt.

Sie tanzen auf Dächern der Fragen,
sind Brücken, doch nie ganz gebaut.
Verstehen zwei Welten in Teilen –
und fühlen sich nie ganz vertraut.

Geduldet, doch selten umarmt,
ein Teil, doch nicht Teil vom Ganzen.
Das Lächeln oft höflich, doch kühl –
wir lernten, im Schatten zu tanzen.

Doch unsere Geschichten sind Samen,
sie wurzeln in Ziegel und Licht.
Vielleicht – wenn man eines Tages fragt,
erzählen wir unser Gedicht.

Tra treni e tempi

Siamo arrivati con le valigie piene di speranze e di
sogni. Con immagini di una vita migliore,
quella che i nostri figli meritavano.
Con mani
che sapevano lavorare.
Con schiene
che si piegavano –
ma non si spezzavano.

Dormivamo in alloggi stretti,
contavamo i turni, non le ore,
risparmiavamo,
inviavamo soldi,
ci perdevamo compleanni,
i primi passi,
le prime parole.

Il nostro cuore è rimasto là
da dove siamo venuti.
Ma il nostro futuro era qui.
Così pensavamo.

I nostri figli
parlavano presto meglio il tedesco di noi,
diventavano i nostri traduttori,
la nostra voce,
la nostra speranza.
Ma anche per loro

il mondo non era mai del tutto uno.
Né qui,
né lì.Domande come frecce:
«Da dove vieni davvero?»
Sguardi che dicono:
«Tu non appartieni a questo posto.»

Was wäre gewesen

(Stimmen einer geteilten Seele)

Ich bin Kind der Reisenden,
gepflanzt in fremdem Land.
Kein Baum, der je gewählt hat,
wohin ihn Wind und Hand.

Mein Vater kam mit Hornhaut-Träumen,
meine Mutter trug den Süden im Haar.
Sie sagten: „Für euch wird es besser" –
doch besser blieb immer nur: "bald"

Ich wuchs auf in deutschen Schulhöfen,
mit Pausenbrot und Schweigen im Blick.
„Du sprichst aber gut Deutsch!" sagten sie –
doch nie ohne kleinen Tritt.

Ich lernte zwei Namen zu tragen,
zwei Zungen, zwei Arten zu sein.
In Deutschland zu laut, zu leise in der Heimat –
nie ganz dort, nie ganz mein.

Was wäre gewesen, wenn wir geblieben wären?
Wo der Duft von Jasmin durch Gassen zieht?
Hätte ich dort vielleicht nicht gefragt,
wo mein Platz ist, wo mein Lied?

Wäre ich Lehrerin geworden in Neapel?
Oder Bäuerin in einem Dorf am Fluss?

Hätte mein Lachen dort Wurzeln geschlagen?
Statt hier – wo ich oft schweigen muss?

Denn die Frage bleibt: Wer sind wir –
wenn Herkunft sich wie Grenze kleidet?
Wenn Heimat ein Raum ohne Möbel bleibt,
der mich beim Schlafen begleitet?

Ich liebe dieses Land,
doch es liebt mich mit Bedingungen.
Ich gab ihm mein Leben,
doch nie nahm es meine Erinnerungen.

Und so lebe ich zwischen Vielleicht und Warum,
zwischen Märkten und Milchkaffee.
Ich bin kein Rückkehrer, kein Ankommer –
nur jemand, der täglich versteht:

Dass Heimat kein Ort ist,
sondern eine Frage,
die man manchmal nur
in der Sprache seiner Kinder stellt.

Cosa sarebbe stato
(Voci di un'anima divisa)

Sono figlia di viaggiatori,
piantata in terra straniera.
Nessun albero che abbia mai scelto
dove il vento e la mano lo portano.

Mio padre arrivò con sogni callosi,
mia madre portava il sud nei capelli.
Dicevano: "Per voi andrà meglio" –
ma il "meglio" era sempre solo: "presto".

Cresciuta nei cortili delle scuole tedesche,
con il panino e il silenzio negli occhi.
"Parli bene il tedesco!" dicevano –
ma mai senza una piccola spinta.

Ho imparato a portare due nomi,
due lingue, due modi di essere.
Troppo forte in Germania, troppo silenziosa nella
patria –
mai del tutto lì, mai del tutto mia.

Cosa sarebbe stato, se fossimo rimasti?
Dove il profumo di gelsomino attraversa i vicoli?
Forse lì non avrei mai chiesto,
dov'è il mio posto, qual è la mia canzone?

Sarei diventata insegnante a Napoli?
O contadina in un paese sul fiume?
Avrebbe radicato la mia risata lì,
invece che qui – dove spesso devo tacere?

Perché la domanda resta: chi siamo –
quando l'origine si veste da confine?
Quando la patria è uno spazio senza mobili,
che mi accompagna nel sonno?

Amo questa terra,
ma lei mi ama a condizioni.
Le ho dato la mia vita,
ma non ha mai preso i miei ricordi.

E così vivo tra forse e perché,
tra mercati e caffè latte.
Non sono una tornata, né un'arrivata –
solo qualcuno che ogni giorno capisce:

Che la patria non è un luogo,
ma una domanda,
che a volte si può porre
solo nella lingua dei propri figli.

Ich bin aus zwei Halben gemacht

Ich bin
das Echo zweier Länder,
das nie ganz spricht.
Ein halbes Lied in jeder Sprache –
doch kein ganzes Gesicht.

Ich bin
das Kind mit Akzent im Herzen,
und Grammatik aus Gefühl.
Meine Wurzeln wachsen quer –
sie folgen keinem Spiel.

Sie sagten oft:
„Du musst dich entscheiden."
Doch wie wählt man Luft?
Die, die nach Oliven duftet,
oder die mit Industrie in der Brust?

Ich bin
nie ganz angekommen –
doch nie wirklich fort.
Trage Steine in beiden Taschen,
für jedes „Dort" und „Hier" ein Wort.

Manchmal frage ich im Spiegel:
„Wäre ich freier, wäre ich dort?"
Aber dort kennt mich niemand –
außer meine Verwandten aus einem alten Ort.

Ich will,
dass mein Kind es leichter hat,
doch nicht vergessen, wer wir waren.
Ich will,
dass er zwei Sprachen tanzt,
ohne sich für eine zu schämen.

Ich will,
dass es sagen darf:
„Ich bin von hier –
und von woanders.“
Und niemand fragt: „Wirklich?“
Oder: „Noch immer?“

Sono fatta di due metà

Sono
l'eco di due paesi,
che non parla mai completamente.
Mezza canzone in ogni lingua –
ma nessun volto intero.

Sono
la bambina con l'accento nel cuore,
e la grammatica dei sentimenti.
Le mie radici crescono di traverso –
non seguono nessuna regola.

Spesso dicevano:
«Devi scegliere.»
Ma come si sceglie l'aria?
Quella che profuma di olive,
o quella con l'industria nel petto?

Sono
mai completamente arrivata –
e mai davvero partita.
Porto pietre in entrambe le tasche,
una parola per ogni «là» e «qui».

A volte mi chiedo allo specchio:
«Sarei più libera se fossi lì?»

Ma lì nessuno mi conosce –
tranne i miei genitori, di un luogo antico.

Voglio
che mio figlio ha meno fatica,
ma senza dimenticare chi eravamo.
Voglio
che danza in due lingue,
senza vergognarsi di nessuno.

Voglio
che puo´ dire:
«Sono di qui –
e da un altro luogo.»
E che nessuno chieda: «Davvero?»
O: «Ancora?»

Ich sagte nichts

Ich kam zurück,
doch nichts war da,
was ich kannte.

Nicht die Stimmen.
Nicht die Straßen.
Nicht die Wörter
auf den Schildern.
Sie sahen aus wie Risse.
Wie etwas, das man nicht heilen kann.

Mein Mund blieb stumm.
Nicht weil ich nicht wollte,
sondern weil ich nicht wusste,
wie man beginnt.

Die anderen Kinder
sprachen schnell.
Ihre Wörter waren wie Vögel,
die ich nicht fangen konnte.

Ich saß in der Ecke,
hörte zu,
wie Lachen
an mir vorbeiging
ohne mich mitzunehmen.

Mein Name war anders.
Meine Augen sagten es zuerst.
Dann meine Stimme,
wenn ich sie endlich fand.

Die Lehrerin sprach mit Händen.
Ich nickte.
Auch wenn ich nichts verstand.
Ich wollte nicht falsch sein.
Nur weniger auffallen.

In der Pause
aß ich ein Brot mit Mortadella
und Heimweh.
Zwei Scheiben Nostalgie
zwischen weichem Weißbrot.
Es schmeckte nach Süden
und Einsamkeit.

Ich vermisste das Meer,
den Geruch nach warmem Stein,
meine Cousins,
den kleinen Laden
mit den eingelegten Artischocken
und Papàs Stimme auf Italienisch,
laut und liebevoll zugleich.

Hier war alles leise.
Auch ich.

Aber manchmal,
wenn niemand hinsah,
malte ich mit dem Finger
Wörter in die Luft.
Nur für mich.
Nur für später.

Ich wusste:
Irgendwann würde ich sprechen.
Und vielleicht
würde auch jemand zuhören.

Non dissi nulla

Sono tornata,
ma non c'era nulla
che conoscevo.
Non le voci.
Non le strade.
Non le parole
sui cartelli.
Sembravano crepe.
Come qualcosa che non si può guarire.

La mia bocca restava muta.
Non perché non volessi,
ma perché non sapevo
come iniziare.

Gli altri bambini
parlavano in fretta.
Le loro parole erano come uccelli,
che non riuscivo a catturare.

Stavo seduta in un angolo,
ascoltavo,
come risate
mi sfioravano senza portarmi via.

Il mio nome era diverso.
I miei occhi lo dicevano per primi.

Poi la mia voce,
quando finalmente la trovavo.

La maestra parlava con le mani.
Annuii.
Anche se non capivo nulla.
Non volevo essere sbagliata.
Solo meno visibile.

Durante la pausa
mangiavo un pane con mortadella
e nostalgia di casa.
Due fette di rimpianto
tra morbide fette di pane bianco.

Sapeva di Sud
e di solitudine.

Mi mancava il mare,
l'odore della pietra calda,
i miei cugini,
il piccolo negozio
con i carciofi sott'olio
e la voce di papà in italiano,
forte e amorevole insieme.

Qui tutto era silenzioso.
Anche io.

Ma a volte,
quando nessuno guardava,

disegnavo con il dito
parole nell'aria.
Solo per me.
Solo per dopo.

Sapevo:
prima o poi avrei parlato.
E forse
qualcuno avrebbe ascoltato.

Zwischen Süden und Sehnsucht

(für Mamma und Papà)

Sie kamen mit Koffern aus Hoffnung,
zwei Schatten im deutschen Licht.
Fremde Sprache, fremde Wege –
doch das Brot war hier, nicht in Sicht.

Ein Jahr nach meiner Geburt
ging es zurück, heimwärts, nach Süditalien,
dorthin, wo Olivenbäume keine Papiere brauchen.

Sie eröffneten ein Feinkostgeschäft –
die Vitrine duftete nach Herkunft,
nach Salz, Öl,
nach einem Leben, das endlich beginnen durfte.

Ich ging zur Schule, lernte rechnen,
buchstabierte meine Wurzeln
in einem Land, das nach Erde roch.

Dann kam das Beben.
Neun Uhr abends.
Die Wände zitterten,
die Zukunft fiel zu Boden
wie Porzellan im Regal.

Nichts blieb.
Nur die Angst, die an uns klebte
wie Staub.

Also zurück – wieder über die Berge,
durch Tunnel aus Fragen,
durch das Nadelöhr eines Landes,
das wir schon einmal verlassen hatten.

Deutschland – diesmal nicht als Gast.
Diesmal als Flüchtlinge
vor der eigenen Heimat.

Ich sprach kein Wort,
nur Blicke.
Ich verstand nichts,
nur Einsamkeit.
Ich trug einen Ranzen
voller Schweigen.

Meine Eltern sagten: „Hier sind wir sicher."
Und meinten: „Hier sterben keine Häuser in der
Nacht."

Sie bauten wieder.
Ein Leben aus Mühe und Bleiben,
aus „Mach schnell" und „Mach gut",
aus abgelegten Träumen und neuen Rechnungen.

Und ich lernte, zwischen den Silben zu atmen.
Zwischen „ciao" und „hallo".
Zwischen Zuhause und Zelt.

Tra Sud e Nostalgia

(per Mamma e Papà)

Sono arrivati con valigie di speranza,
due ombre nella luce tedesca.
Lingua straniera, strade sconosciute –
ma il pane era qui, non alla vista.

Un anno dopo la mia nascita
si tornò indietro, verso casa, in Sud Italia,
dove gli ulivi non hanno bisogno di documenti.

Aprirono una gastronomia –
la vetrina profumava di origine,
di sale, olio,
di una vita che finalmente poteva cominciare.

Andai a scuola, imparai a contare,
componevo le mie radici
in un paese che odorava di terra.

Poi venne il terremoto.
Le nove di sera.
I muri tremavano,
il futuro cadeva a terra
come porcellana sullo scaffale.

Non restò nulla.
Solo la paura che ci attaccava
come polvere.

Così si tornò – di nuovo oltre le montagne,
attraverso tunnel di domande,
attraverso la stretta di un paese
che avevamo già lasciato una volta.

Germania – questa volta non come ospiti.
Questa volta come profughi
dalla propria terra natale.

Non parlavo una parola,
solo sguardi.
Non capivo nulla,
solo solitudine.

Portavo uno zaino
pieno di silenzio.

I miei genitori dicevano: «Qui siamo al sicuro.»
E volevano dire: «Qui non crollano case di notte.»

Ricostruirono.
Una vita fatta di fatica e resistenza,
di «Fai presto» e «Fai bene»,
di sogni abbandonati e nuovi conti da pagare.

E imparai a respirare tra le sillabe.
Tra «ciao» e «hallo».
Tra casa e tenda.

Eine tief berührende Erfahrung:
Ein Kind, das in eine Sprache hineinliest, Lied für
Lied, Buch für Buch,
während um es herum eine Welt schuftet und
schweigt.
Die parallelen Realitäten einer Kindheit – ein stiller
Kampf um Sprache und Selbstwert und das harte,
selbstverständliche Schweigen der Eltern – formen
ein Gedicht über stille Stärke, Isolation und den Weg
zum Verstehen.

Un'esperienza profondamente toccante:
Una bambina che legge una lingua, canzone dopo
canzone, libro dopo libro,
mentre intorno a lei un mondo lavora duramente e
tace.
Le realtà parallele di un'infanzia – una lotta silenziosa
per la lingua e l'autostima e il duro, ovvio silenzio dei
genitori – formano una poesia di forza silenziosa,
isolamento e il cammino verso la comprensione.

Ich las mir Deutsch ins Herz

Ich hatte ein Buch
und ein anderes Buch zum Übersetzen daneben.
Eines erzählte Geschichten,
das andere erklärte sie.
Seite für Seite
lernte ich ein neues Leben
in fremden Lauten.

Ich verstand zuerst die Bilder,
dann die Wörter.
Dann irgendwann:
die Welt dazwischen.

Die anderen Kinder lachten laut.
Ich lachte leise –
wenn ich einen Satz verstand.
Nur für mich.
Wie ein Schatz,
den niemand sehen durfte.

Im Fernsehen
spielte „Die Sendung mit der Maus"
die Sprache in bunten Farben.
Ich malte mit.
Nicht auf Papier,
sondern innen drin.

Und manchmal
saß ich mit einer alten Lehrerin
am Küchentisch.
Sie roch nach Seife
und Papier.
Sie zeigte mir Geduld
mit ihrer Stimme.
Schenkte mir Wörter
wie Bonbons.

Meine Eltern
merkten es nicht.
Sie arbeiteten.
Immer.
Von früh bis dunkel.
Sie kamen nach Hause
mit Füßen aus Stein
und Gedanken aus Rechnungen.

Ich wollte ihnen nicht zur Last fallen.
Und sie wollten mich nicht stören
mit ihrer Müdigkeit.

Sie wussten nicht,
dass ich kämpfte.

Weil sie nie gelernt hatten,
zu sagen:
„Du darfst auch weich sein."
Sie waren selbst
aus Entbehrung gemacht.

Als sie Kinder waren,
trugen sie Lasten,
statt Schulranzen.
Zählten Münzen,
nicht Träume.
Ihre Kindheit:
ein Arbeitstag.

Also las ich weiter.
Nicht nur Deutsch –
ich las mich selbst
in diese Welt hinein.
Wort für Wort,
Buch für Buch,
Lied für Lied.

Manchmal denke ich:
Die Sprache hat mich adoptiert,
nicht das Land.

Mi sono letta il tedesco nel cuore

Avevo un libro
e un altro libro da tradurre accanto.
Uno raccontava storie,
l'altro le spiegava.

Pagina dopo pagina
imparavo una vita nuova
in suoni strani.

Prima capivo le immagini,
poi le parole.
Poi, un giorno:
il mondo in mezzo.

Gli altri bambini ridevano forte.
Io ridevo piano –
quando capivo una frase.
Solo per me.
Come un tesoro,
che nessuno poteva vedere.

In televisione
"Il programma con il topo"
colorava la lingua
con mille colori.

Io dipingevo insieme.
Non su carta,
ma dentro.

E a volte
stavo con una vecchia insegnante
al tavolo della cucina.
Profumava di sapone
e di carta.

Mi mostrava pazienza
con la sua voce.
Mi donava parole
come caramelle.

I miei genitori
non se ne accorgevano.
Lavoravano.
Sempre.
Dall'alba al tramonto.

Tornavano a casa
con piedi di pietra
e pensieri pieni di conti.

Non volevo essere un peso.
E loro non volevano disturbarmi
con la loro stanchezza.

Non sapevano
che stavo combattendo.
Perché non avevano mai imparato
a dire:
«Anche tu puoi essere fragile.»

Loro stessi
erano fatti di privazioni.
Quando erano bambini,
portavano fardelli
invece di zaini.

Contavano monete,
non sogni.
La loro infanzia:
una giornata di lavoro.

Così continuavo a leggere.
Non solo il tedesco –
mi leggevo dentro
in questo mondo.

Parola dopo parola,
libro dopo libro,
canzone dopo canzone.

A volte penso:
la lingua mi ha adottata,
non il paese.

Sie sagten nie, dass es schwer war

Sie sagten nie,
dass es schwer war.
Sie standen einfach auf,
immer früher als die Sonne,
zogen sich ihre Arbeit an
wie eine zweite Haut.
Still.
Gewöhnlich.
Wie Regen in einer Stadt,
in der niemand mehr nach oben schaut.

Meine Mutter trug Brot in den Händen
und Müdigkeit im Rücken.
Sie wusch unsere Zukunft
in heißem Wasser
und hing sie draußen auf –
neben dem alten Tischtuch
mit den Olivenzweigen.

Mein Vater roch nach Teer,
nach Öl und geschlossener Hoffnung.
Er redete wenig,
aber wenn er es tat,
klang jedes Wort
wie ein Werkzeug –
präzise, schwer, notwendig.

Sie wussten nicht,
wie man über Gefühle spricht.
Denn Gefühle hatten
in ihrer Kindheit Hunger.
Und Hunger war lauter.

Als sie klein waren,
zählte man Kartoffeln,
nicht Geschichten.
Man lernte früh,
dass Träume keinen Lohn bringen,
dass Kinder mithelfen,
nicht fragen.

Also lernten sie nicht zu fragen.

Ich war anders.
Ein Kind zwischen ihren Welten.
Ich fragte –
leise, mit Blicken, mit Büchern,
mit dem Schweigen,
das ich von ihnen übernommen hatte.

Und manchmal –
wenn ich heute mein Kind streichle
oder bei Regen an meine Mutter denke,
verstehe ich:
Sie liebten, aber sie hatten keine Sprache dafür.

Sie bauten ein Leben
aus Brötchen, Überstunden
und stillen Opfern.

Und auch wenn sie es nie sagten –
sie trugen uns durch.
Durch alles.

Non dissero mai che era difficile

Non dissero mai
che era difficile.
Si alzavano semplicemente,
sempre prima del sole,
si mettevano addosso il lavoro
come una seconda pelle.
In silenzio.
Come se niente fosse.
Come la pioggia in una città
dove nessuno guarda più in alto.

Mia madre portava il pane tra le mani
e la stanchezza nella schiena.
Lavava il nostro futuro
in acqua bollente
e lo stendeva fuori –
accanto alla vecchia tovaglia
con i rami d'ulivo.

Mio padre sapeva di catrame,
di olio e di speranza chiusa.
Parlava poco,
ma quando lo faceva,
ogni parola suonava
come un attrezzo –
precisa, pesante, necessaria.

Non sapevano
come si parla dei sentimenti.
Perché i sentimenti,
nella loro infanzia, avevano fame.
E la fame era più forte.

Da bambini
si contavano le patate,
non le storie.
Si imparava presto
che i sogni non portano salario,
che i bambini aiutano,
non chiedono.
E così non impararono mai a chiedere.

Io ero diversa.
Una figlia tra i loro mondi.
Chiedevo –
in silenzio, con lo sguardo, con i libri,
con quel tacere
che avevo ereditato da loro.

E a volte –
quando oggi accarezzo mio figlio
o penso a mia madre sotto la pioggia,
capisco:
Amavano, ma non avevano parole per dirlo.

Costruirono una vita
con panini, straordinari
e sacrifici silenziosi.
E anche se non lo dissero mai –
ci hanno sostenuti.
In tutto.

Kind, Tochter, Dolmetscherin

Mein Bruder war vier,
als das Beben uns nach Deutschland warf.
Ein Kind unter Kindern.
Er wuchs hinein
wie Gras zwischen Pflasterfugen.
Und ich gönnte es ihm –
sein Leichtsein,
sein Nicht-Wissen-Müssen.

Ich war neun
und wurde schnell
mehr als ein Kind.
Ich wurde Stimme
für zwei Erwachsene
mit rauen Händen
und weichen Blicken,
die nicht wussten,
was man beim Amt sagt,
wenn das Formular flüstert:
Du gehörst nicht dazu.

Ich ging mit
zum Arzt,
zur Schule,
zum Finanzamt,
in die Bürokratie aus Wörtern,
die sie nicht verstanden.

Ich übersetzte Krankheiten,
Fragen,
Mahnungen.

Ich war die,
die verstand –
und dabei
manchmal selbst
nicht mehr wusste,
was richtig war.

Wir lebten ländlich.
Ein Dorf aus Blicken.
Aus dem „Ach, ihr seid doch die aus dem Süden."
Aus dem „Sag mal, isst ihr wirklich nur Nudeln?"
Aus dem „Deine Eltern waren ja gar nicht beim
Elternabend."

Nein.
Waren sie nicht.
Weil sie nichts verstanden.
Weil sie nichts sagten.
Weil sie nicht wussten,
wie man sich meldet
in einer Sprache,
die nicht die eigene ist.

Zu Hause war Italien.
Streng.
Heilig.

Laut beim Essen,
still beim Fühlen.
Und draußen:
Deutschland.
Locker.
Leichtfüßig.
Hier küsste man sich
schon mit 14
hinterm Fahrradständer.
Ich durfte kaum allein zur Bushaltestelle.

Zwei Welten
zogen an mir.
Die eine sagte:
Geh nicht zu weit.
Die andere:
Geh doch endlich los.

Ich schwieg oft.
Lächelte höflich.
Übersetzte auch mein Herz,
von einer Sprache in die andere,
von einer Zeit in eine,
die mich nicht ganz wollte.

Ich war Tochter
und
Dolmetscherin.
Kind
und
Grenzgängerin.

Und manchmal fragte ich mich:
Wo bleibt da ich?

Bambina, figlia, interprete

Mio fratello aveva quattro anni
quando il terremoto ci scagliò in Germania.
Un bambino tra bambini.
Cresceva
come l'erba tra le fessure del selciato.
E io glielo concedevo –
la sua leggerezza,
il suo non dover sapere.

Io avevo nove anni
e divenni presto
più di una bambina.
Divenni voce
per due adulti
con mani dure
e sguardi teneri,
che non sapevano
cosa si dice all'ufficio
quando il modulo sussurra:
Tu qui non appartieni.

Andavo con loro
dal medico,
a scuola,
all'ufficio delle imposte,
nella burocrazia di parole
che loro non capivano.

Traducevo malattie,
domande,
richiami.

Ero quella
che capiva –
e intanto
a volte non sapevo più
cosa fosse giusto davvero.

Vivevamo in campagna.
Un paese fatto di sguardi.
Di: "Ah, siete quelli del Sud."
Di: "Ma è vero che mangiate solo pasta?"
Di: "I tuoi genitori non c'erano alla riunione."

No.
Non c'erano.
Perché non capivano.
Perché non parlavano.
Perché non sapevano
come ci si fa sentire
in una lingua
che non è la propria.

A casa c'era l'Italia.
Severa.
Sacra.
Rumorosa a tavola,
silenziosa nei sentimenti.

Fuori:
la Germania.
Sciolta.
Leggera.
Lì ci si baciava
già a quattordici anni
dietro al portabiciclette.
Io potevo a malapena
andare da sola alla fermata.

Due mondi
mi tiravano.
Uno diceva:
Non andare troppo lontano.
L'altro:
Ma vai, finalmente.

Spesso tacevo.
Sorridevo con educazione.
Traducevo anche il mio cuore,
da una lingua all'altra,

da un tempo a uno
che non mi voleva del tutto.

Ero figlia
e
interprete.
Bambina
e
viaggiatrice tra confini.

E a volte mi chiedevo:
E io?
Dove sono io?

Dieses stille Tragen von Verantwortung,
die eigentlich nicht in Kinderhände gehört.
Ein älteres Kind, das zur Schwester und Mutter wird,
weil sonst niemand da ist.
Und das erst Jahrzehnte später versteht,
was es damals alles geschultert hat – ohne Klage,
weil es keine Sprache dafür gab.

Questo silenzioso portare responsabilità,
che in realtà non dovrebbe spettare a mani di
bambino.
Una bambina più grande, che diventa sorella e
madre,
perché non c'è nessun altro.
E che solo decenni dopo capisce
quello che allora ha sopportato – senza lamentarsi,
perché non c'era una lingua per dirlo.

Ich wusste es nicht

Ich wusste nicht,
dass ich zu viel trug.
Ich dachte,
das macht man so –
wenn man die Große ist
und niemand sonst da.

Mein Bruder hing an mir
wie ein zweiter Schatten.
In Italien,
wenn unsere Eltern
mit Rechnungen und Regalen
und den Sorgen des Tages
beschäftigt waren,
war ich die,
die ihm die Schuhe band,
die,
die seine Tränen verstand.

Nach der Schule
war Babydienst.
Kein Spiel,
kein Warten.
Nur: Funktionieren.
Ich war sieben
oder acht
und lernte,

wie man Liebe
in Verantwortung übersetzt.

Als wir nach Deutschland kamen,
klammerte er sich an mein Bein.
Der Kindergarten war laut,
fremd,
nach Trennung schmeckend.
Also blieb ich.
Erst draußen.
Dann im Flur.
Dann in Gedanken.

Ich war sein Anker
in einer Sprache,
die er nicht kannte.
Und ich wurde zum Ufer,
bevor ich selbst
schwimmen konnte.

Ich habe nie gefragt,
ob das zu viel war.
Ich dachte,
so ist Familie.
So ist Leben.
So bin ich.

Erst mit vierzig
in einem Raum mit einer Frau,
die mich zum ersten Mal
nicht brauchte,
erkannte ich:
Das war zu viel.

Ich war ein Kind
mit Verantwortung
auf den Schultern,
die noch wachsen sollten.

Aber:
Ich habe ihn gehalten.
Wie man einen Schmetterling
in der Faust hält,
ohne ihn zu verletzen.

Und manchmal,
wenn ich heute an ihn denke,
an das, was wir teilten
zwischen Kindheit und Pflicht –
dann weiß ich:
Ich war müde.
Aber ich war da.

Und das war Liebe.

Non lo sapevo

Non sapevo
che stavo portando troppo.
Pensavo
che si facesse così –
quando si è la grande
e non c'è nessun altro.

Mio fratello mi stava addosso
come un'ombra in più.
In Italia,
quando i nostri genitori
erano occupati con conti, scaffali
e le preoccupazioni del giorno,
ero io
a legargli le scarpe,
io
a capire le sue lacrime.

Dopo scuola
era turno da bambinaia.
Niente giochi,
niente attese.
Solo: funzionare.
Avevo sette
o otto anni
e imparavo

a tradurre l'amore
in responsabilità.

Quando siamo tornati in Germania,
lui si aggrappava alla mia gamba.
L'asilo era rumoroso,
straniero,
sapeva di separazione.
Allora restavo.
Prima fuori.
Poi nel corridoio.
Poi nei pensieri.

Ero la sua àncora
in una lingua
che non conosceva.
E io diventavo la riva
prima ancora
di saper nuotare.

Non ho mai chiesto
se fosse troppo.
Pensavo:
questa è la famiglia.
Questa è la vita.
Questa sono io.

Solo a quarant'anni,
in una stanza con una donna
che per la prima volta
non aveva bisogno di me,
ho capito:
era troppo.

Ero una bambina
con responsabilità
sulle spalle
che dovevano ancora crescere.
Ma:
l'ho tenuto stretto.
Come si tiene una farfalla
in pugno
senza ferirla.

E a volte,
quando oggi penso a lui,
a ciò che abbiamo condiviso
tra infanzia e dovere –
so:
ero stanca.
Ma c'ero.
E quello era amore.

Für meine Nonna Dora Stella,
die mit ihrem Lachen Leichtigkeit schenkte
und mit ihrer Liebe Räume füllte.

Du warst der Stern in meiner Kindheit,
der geblieben ist, auch als du gingst.
Dein Duft, dein Licht, deine Stimme –
alles lebt weiter, in mir.

Per mia nonna Dora Stella,
che con la sua risata donava leggerezza
e con il suo amore riempiva ogni spazio.

Eri la stella della mia infanzia,
che è rimasta anche quando sei andata via.
Il tuo profumo, la tua luce, la tua voce –
tutto vive ancora, dentro di me.

Dora Stella

(*1929 +1977)

Ein Name,
der in jeder Dunkelheit leuchtet,
ein Stern,
der niemals fällt.

Sie kam mit Wärme, mit Licht,
tanzte durch Räume
wie eine Melodie,
die nie zu Ende geht.
Ihr Lächeln, ein Versprechen –
dass das Leben leicht sein kann,
auch wenn es schwer ist.
Ihre Stimme, ein Lied,
das die Welt umarmt,
ein Echo, das noch heute trägt.

Ich sehe sie in meiner Erinnerung,
wie sie albernd deine Sorgen davon wirbelt.
Wie sie sich ladylike kleidete,
doch voller Freude war.
Wie ihr Parfüm die Luft füllte –
ein Duft, der nur ihr gehörte.
Nie wieder gerochen, nie wieder gefunden,

als hätte der Himmel ihn behalten,
um ihn nicht zu verlieren.

Die Zeit war zu kurz,
viel zu kurz.
Und doch, sie bleibt –
in meinen Gedanken,
im Licht eines Morgens,
in einem Lied,
das unerwartet erklingt.
Sie war und ist –
mein Stern.

Man sagt,
manche Menschen gehen,
aber ihre Liebe bleibt.
Nonna ist nicht fort –
sie tanzt weiter,
in mir.

Dora Stella

(*1929 +1977)

Un nome
che brilla nel buio,
una stella
che non cade mai.

È arrivata con calore, con luce,
danzando tra le stanze
come una melodia
che non finisce mai.
Il suo sorriso, una promessa –
che la vita può essere leggera
anche quando è pesante.
La sua voce, un canto
che abbraccia il mondo,
un'eco che risuona ancora.

La vedo nei ricordi,
quando scherzava via le tue preoccupazioni.
Si vestiva con eleganza,
ma sempre con gioia.
Il suo profumo riempiva l'aria –
un aroma solo suo.
Mai più sentito, mai più trovato,
come se il cielo lo avesse tenuto
per non perderlo.

Il tempo fu troppo breve,
troppo breve davvero.
Eppure, lei rimane –
nei miei pensieri,
nella luce del mattino,
in una canzone
che risuona all'improvviso.
Lei era e resta –
la mia stella.

Si dice
che alcune persone se ne vanno,
ma il loro amore resta.
La nonna non è andata via –
continua a danzare,
dentro di me.

Eine Erfahrung, die sich tief in Körper und
Erinnerung eingräbt –
ein Moment, in dem ein Kind über Nacht zu einer
Beschützerin wird.
Ein Leben, das sich in einem einzigen Riss teilt:
vor dem Beben – und danach.
Der Ton bleibt nah am Erlebten, fast atemlos – wie
in einem inneren Film,

der sich immer wieder abspielt

Un'esperienza che si imprime profondamente nel
corpo e nella memoria –
un momento in cui un bambino diventa protettore
da un giorno all'altro.
Una vita che si divide in una sola crepa:
prima del terremoto – e dopo.
Il tono resta vicino a ciò che è stato vissuto, quasi
senza respiro – come un film interiore
che si ripete continuamente.

Der Riss - 23.11.1980

Es war der Tag,
an dem die Erde atmete
und alles zitterte.
Der Tag,
an dem Wände wankten
wie trunkene Riesen
und der Boden
nicht mehr sicher war.

Ich hörte zuerst das Grollen,
dann das Schreien.
Dann war ich es,
die ihn zog –
meinen Bruder,
vier Jahre alt,
schmal wie ein Zweig.
Ich zog ihn weg
von dem Ort,
wo Sekunden später
ein Riss aufplatzte
und den Blick freigab
auf die Wohnung darunter.
Eine offene Wunde
im Stein.

Unsere Mutter kam,
ihn auf dem Arm,
ihm die Hand schützend
über den Kopf.
Mörtel fiel wie Schnee,
nur schwerer.
Nur lauter.

Wir rannten
durch das Treppenhaus,
das sich anfühlte
wie ein sterbender Organismus.

Draußen
war ein anderes Beben:
Schreie,
Sirenen,
Menschen,
die Namen riefen,
die nicht antworteten.

Wir flohen
aufs Feld.
Offene Luft,
offener Himmel.
November.
Kälte,
die sich in die Knochen fraß.

Wir schliefen
unter Sternen,
die sich nicht bewegten.
Mit Lagerfeuer und Angst.
Und Stille,
die lauter war als alles andere.

Mein Vater suchte Papiere.
Und als er sie fand,
ließen wir alles zurück.
Nahmen nur das Nötigste
und die Angst,
die wie ein Schatten mitfuhr.

Der Zug nach Deutschland
roch nach Eisen und Neuanfang,
aber ich hatte das Zittern
noch in den Händen.
Ich hielt meinen Bruder fest –
immer noch.
Als würde die Erde
jederzeit
wieder atmen wollen.

La Crepa- 23.11.1980

Era il giorno
in cui la terra respirava
e tutto tremava.
Il giorno
in cui i muri vacillavano
come giganti ubriachi
e il terreno
non era più sicuro.
Sentii prima il rombo,
poi le urla.
Poi fui io
a tirarlo via –
mio fratello,
quattro anni,
snello come un ramo.
Lo tirai lontano
dal posto
dove pochi secondi dopo
una crepa si aprì
e lasciò vedere
l'appartamento sotto.
Una ferita aperta
nella pietra.

La nostra madre arrivò,
con lui tra le braccia,
proteggendolo con la mano
sulla testa.
La malta cadeva come neve,
solo più pesante,
solo più rumorosa.
Corremmo
per le scale,
che sembravano
un organismo morente.

Fuori
c'era un altro terremoto:
urla,
sirene,
gente
che chiamava nomi
che non rispondevano.
Fuggimmo
nei campi.
Aria aperta,
cielo aperto.
Novembre.
Freddo
che si infilava nelle ossa.
Dormimmo
sotto stelle

che non si muovevano.
Con il fuoco da campo e la paura.
E un silenzio
più forte di tutto il resto.

Mio padre cercava documenti.
E quando li trovò,
lasciammo tutto indietro.
Portammo solo il necessario
e la paura,
che viaggiava come un'ombra.

Il treno per la Germania
odorava di ferro e nuovo inizio,
ma avevo ancora il tremore
nelle mani.
Tenevo stretto mio fratello –
ancora.
Come se la terra
volesse
ancora respirare.

Schnee und Sicherheit, aber innerlich Alarm.
Ein Zuhause, das keines ist.
Die Hoffnung auf Rückkehr, die unbemerkt zur
Illusion wird.
Ein Tag, der äußerlich ruhig war – und innerlich
bebte.

Neve e sicurezza, ma dentro l'allarme.
Una casa che non è casa.
La speranza di tornare, che silenziosa si trasforma in
illusione.
Un giorno che fuori era calmo – e dentro tremava.

Ankunft im Schnee

Der erste Tag
zurück in Deutschland
war weiß.
So viel Schnee
lag über allem
wie eine Decke
aus Stille.
Und doch bebte es in uns.

Wir kamen bei Nonno unter,
der nie zurückgekehrt war,
obwohl er es versprochen hatte.
Ein Mann mit schwieligen Händen
und Augen,
die zu viel gesehen hatten.
Sein Wohnzimmer roch
nach Bohnerwachs
und nach Geschichten,
die er nicht erzählen wollte.

Draußen:
Schneelast auf Ästen,
eine andere Art von Last.

Drinnen:
Unsere Kleidung griffbereit
am Bett.

Für den Fall.
Für die Flucht.
Man weiß ja nie.
Der Boden könnte wieder
atmen wollen.

Ein harmloser LKW
ließ die Tassen klirren.
Wir erstarrten.
Alle.
Blicke zur Lampe.
Wackelte sie?

Ich war 9
und wollte heim.
Nach Italien.
Zurück zu dem,
was wir verloren hatten,
aber noch nicht losgelassen.

Ich wusste nicht,
dass dieser Tag
der Anfang
vom Dableiben war.
Dass Italien
nur noch in Erzählungen vorkam,
in Sommerpostkarten
und im Klang von „una volta".

Ich wusste nicht,
dass ich jetzt hier lebte
und dort vermisst wurde.
Ein Kind mit zwei Herzen
und keinem festen Ort.

Arrivo nella neve

Il primo giorno
di nuovo in Germania
era bianco.
Così tanta neve
copriva ogni cosa
come una coperta
di silenzio.
Eppure, dentro di noi, tremava tutto.

Ci sistemammo dal Nonno,
che non era mai tornato,
anche se lo aveva promesso.
Un uomo con mani callose
e occhi
che avevano visto troppo.
Il suo salotto odorava
di cera per pavimenti
e di storie
che non voleva raccontare.

Fuori:
neve sui rami,
un altro tipo di peso.
Dentro:
i vestiti pronti
accanto al letto.
Nel caso.

Per fuggire.
Non si sa mai.
Il suolo potrebbe di nuovo
voler respirare.

Un camion innocuo
fece tintinnare le tazze.
Ci immobilizzammo.
Tutti.
Sguardi alla lampada.
Si muoveva?

Avevo nove anni
e volevo tornare a casa.
In Italia.
Tornare a ciò
che avevamo perso,
ma non ancora lasciato andare.

Non sapevo
che quel giorno
fosse l'inizio
del restare.
Che l'Italia
esistesse ormai solo nei racconti,
nelle cartoline estive
e nel suono di ,,una volta".

Non sapevo
che ora vivevo qui
e mancavo là.
Una bambina con due cuori
e nessun posto fisso.

An einen Mann zwischen zwei Welten, der durch
seine Art eine ganz eigene Brücke schuf:

nicht perfekt angepasst, aber präsent;

nicht mehr ganz dort, aber auch nicht ganz hier.

Ein Grenzgänger, wie so viele aus dieser Generation.

Und doch einer, der Nähe gab, wo so oft nur
Funktionieren zählte.

A un uomo tra due mondi, che con il suo modo ha
costruito un ponte tutto suo:
non perfettamente adattato, ma presente;
non più del tutto lì, ma neanche del tutto qui.
Un confine, come tanti della sua generazione.
Eppure uno che donava vicinanza, dove spesso
contava solo funzionare.

Nonno auf der Straße nach Süden

Er war nicht mehr ganz italienisch,
aber auch nie deutsch geworden.
Ein Dazwischen,
mit weichen Händen
und hartem Akzent.

„Andiamo! Partiamo!“,
sagte er jeden Sommer,
und wir packten das Auto
bis unter die Fenster.
Die Straße nach Süden
war lang
und voller Geschichten.

Er sprach in gebrochenem Deutsch
mit gebrochener Sehnsucht.
Sein Gastarbeiter-Deutsch
hatte Ecken und Kanten,
aber es hielt –
ein ganzes Leben lang.

Und wenn er nicht mehr weiterwusste,
sang er.
Deutsche Volkslieder,
mit diesem fremden Klang
zwischen Lachen und Pfeifen.

„Hoch auf dem gelben Wagen“,
als wir durch die Schweiz fuhren.
Und wenn der Text zu Ende war,
pfiff er fröhlich weiter,
als hätte die Melodie
genug Bedeutung.

Die Sonne wurde heißer,
je näher wir Italien kamen.
Er wurde stiller.
Sein Blick hing
an den Bergen,
an Schildern mit Städten,
deren Namen
wie Kindheit klangen.

Aber er fuhr weiter.
Nie zurück,
nur hin –
für ein paar Wochen Heimat
auf Zeit.

Irgendwann sagte er:
„Ich traue mich nicht mehr.“
Die Strecke zu lang,
die Knie zu steif.
Und der Sommer blieb
ohne seine Lieder.

Ich fuhr allein,
später,
und suchte ihn
zwischen Tankstellen
und alten Straßen.

Aber seine Stimme,
dieses Gastarbeiter-Deutsch
mit all seinen Umwegen –
sie fehlt mir.

Mehr als ich dachte.

Nonno sulla strada verso Sud

Non era più del tutto italiano,
ma nemmeno mai diventato tedesco.
Un "tra due mondi",
con mani morbide
e accento duro.

«Andiamo! Partiamo!»,
diceva ogni estate,
e noi riempivamo la macchina
fino sotto i finestrini.
La strada verso Sud
era lunga
e piena di storie.

Parlava un tedesco spezzato
con una nostalgia rotta.
Il suo tedesco da lavoratore ospite
aveva spigoli e curve,
ma reggeva –
per tutta una vita.

E quando non sapeva più che fare,
cantava.
Canti popolari tedeschi,
con quel suono strano
tra risate e fischi.

«Hoch auf dem gelben Wagen»,
mentre attraversavamo la Svizzera.
E quando finiva il testo,
fischiava allegramente,
come se la melodia
avesse già tutto il significato.

Il sole si faceva più caldo,
più ci avvicinavamo all'Italia.
Lui diventava più silenzioso.
Il suo sguardo restava
sulle montagne,
sui cartelli con nomi di città,
che suonavano
come infanzia.

Ma continuava a guidare.
Mai indietro,
solo avanti –
per qualche settimana di casa
a tempo determinato.

Un giorno disse:
«Non ce la faccio più».
La strada troppo lunga,
le ginocchia troppo rigide.
E l'estate restò
senza le sue canzoni.

Io guidai da sola,
poi,
e lo cercai
tra le stazioni di servizio
e le vecchie strade.

Ma la sua voce,
quel tedesco da lavoratore ospite
con tutte le sue deviazioni –
mi manca.
Più di quanto pensassi.

Es war so viel mehr als Urlaub – es ist ein Aufatmen.
Ein Zurück in etwas Ursprüngliches, Echtes.
Ein Sommer der Kindheit, getragen von Geschmack,
Geruch, Wärme
und der seltenen Freiheit, einfach nur sein
zu dürfen.
Ohne Last, ohne Dolmetscherin zu sein,
ohne kleine Mutter.
Ein Kind. Endlich.
Ein Kind, dass diese Wochen in Italien festhält
wie ein Sonnenstrahl in einem Marmeladenglas –
zum Wiederöffnen, wenn es draußen wieder grau
ist….

Era molto più di una vacanza – era un respiro

Un ritorno a qualcosa di originario, vero.
Un'estate d'infanzia, sostenuta dal gusto, dall'odore,
dal calore
e dalla rara libertà di poter semplicemente essere.
Senza peso, senza fare da interprete, senza fare la
piccola mamma.
Un bambino. Finalmente.
Un bambino che tiene strette queste settimane in
Italia
come un raggio di sole in un barattolo di marmellata
da riaprire quando fuori torna il grigio...

Einmal nur Kind

In diesen Wochen
saugte ich das Leben auf
wie Sonne auf salzwarmer Haut.

Dicke Scheiben Brot,
getränkt in unserem Olivenöl.
Tomaten,
so rot,
dass sie fast sangen,
wenn man sie anschnitt.
Feigen,
noch warm vom Baum,
mit einem Duft,
den es nur dort gibt –
wo die Zikaden singen.

Zitronenwasser mit Zucker,
aus Früchten,
die nach echtem Leben schmeckten.
Nicht nach Supermarkt.
Nicht nach Flucht.

Und der große Essenskorb,
den meine Tante füllte:
Pasta,
Mozzarella,
Salami,
bündelweise Basilikum.

Wie ein Fest
für jeden Tag.

Am Strand:
die Wellen,
die mich trugen.
Das Salz,
das blieb.
Die Wespen auf dem Eis,
so frech wie der Wind.
Und ich –
leicht.
Einfach nur ich.

Denn dort,
in diesem Sommer,
musste ich nichts erklären,
nichts regeln,
niemanden beruhigen.
Ich war nicht die Große.
Nicht die Brücke.
Nicht die Stimme.

Nonno trug die Verantwortung.
Und ich durfte
einfach
nur
Kind sein.

Solo una bambina

In quelle settimane
assorbivo la vita
come il sole nella pelle salata.

Fette spesse di pane,
inzuppate nel nostro olio d'oliva.
Pomodori,
così rossi,
che sembravano cantare
quando li tagliavi.

Fichi,
ancora caldi dall'albero,
con un profumo
che esiste solo lì –
dove cantano le cicale.

Acqua e limone con zucchero,
da frutti
che avevano il sapore
della vita vera.
Non del supermercato.
Non della fuga.

E il grande cesto di cibo,
che mia zia riempiva:
pasta, mozzarella,
salame,

mazzi di basilico.
Come una festa
ogni giorno.

Sulla spiaggia:
le onde,
che mi portavano.
Il sale,
che restava.
Le vespe sul gelato,
sfacciate come il vento.

E io –
leggera.
Solo io.

Perché lì,
in quell'estate,
non dovevo spiegare nulla,
non dovevo regolare nulla,
non dovevo calmare nessuno.
Non ero la grande.
Non ero il ponte.
Non ero la voce.

Nonno portava la responsabilità.
E io potevo
semplicemente
essere
bambina.

Italien war:
die Stimmen der Marktschreier,
die klangen
wie ein Lied,
das jeden Morgen neu begann.

Italien war:
das Naschen
aus den Körben voller Oliven,
grün, schwarz, runzelig, würzig –
jede wie ein eigenes Gedicht.

Italien war:
Hupen statt Regeln,
Gesten statt Schildern.
Wer mutig war,
hatte Vorfahrt.

Italien war:
die Piazza bei Sonnenuntergang,
wenn die Hitze wich
und die Menschen kamen.
Alt und Jung,
Sein und Schein,
Hand in Hand.

Dort saßen Alte
mit Augen voller Geschichten
und lachten lauter
als alle in Deutschland zusammen.

Italien war:
der Duft von Pizza,
noch bevor man sie sah.
Der süße Nebel
aus der Pasticceria,
wo die Auslagen
wie kleine Wunder glänzten.

Und der Mercato —
ein Ballett aus Gewürzen,
aus Käse,
aus Stimmen,
aus Lebenslust.
Die Luft dort
war nie still.
Nie leer.

Italien war:
mehr als ein Ort.
Es war Farbe
in einem Leben,
das sonst oft
nur Pflicht war.

Es war Zuhause
in seiner lautesten,
lebendigsten Form.

Und ich?
Ich war dort
ganz.
Nicht zu viel,
nicht zu wenig.
Einfach da.

L'Italia era...

L'Italia era:
le voci dei venditori del mercato,
che suonavano
come una canzone
che ricominciava ogni mattina.

L'Italia era:
rubare un'oliva
dai cesti pieni,
verde, nera, rugosa, profumata –
ognuna come una poesia a sé.

L'Italia era:
clacson invece di regole,
gesti invece di cartelli.
Chi era coraggioso,
aveva la precedenza.

L'Italia era:
la piazza al tramonto,
quando il caldo scendeva
e arrivavano le persone.
Vecchi e giovani,
essere e apparire,
mano nella mano.

Lì sedevano vecchi
con occhi pieni di storie

e ridevano più forte
di tutti insieme in Germania.

L'Italia era:
l'odore della pizza,
prima ancora di vederla.
La dolce nebbia
della pasticceria,
dove le vetrine
brillavano come piccoli miracoli.

E il mercato –
un balletto di spezie,
formaggi,
voci,
gioia di vivere.
L'aria lì
non era mai ferma.
Mai vuota.

L'Italia era:
più di un luogo.
Era colore
in una vita
che spesso era solo dovere.
Era casa
nella sua forma più forte
e viva.

E io?
Io ero lì
completa.
Non troppo,
non troppo poco.
Solo presente.

Eine sinnliche, lebendige Erinnerung –

voll Klang, Geruch, Geschmack und Wärme.

Italien ist darin kein Land, sondern ein Gefühl.

Ein Puls, ein Lachen, ein Stück Zuhause, das nie
ganz verloren ging.

Es ist das Italien der Seele,

in das man sich zurück träumt,

wenn der deutsche Alltag zu grau wird.

Das Gegengewicht zur Kälte des Pflichtlebens,

eine Ode an das gelebte, atmende Italien meiner
Kindheit

Un ricordo sensuale e vivo –

pieno di suoni, odori, sapori e calore.
L'Italia non è un paese, ma un sentimento.
Un battito, una risata, un pezzo di casa che non si è
mai perso del tutto.
È l'Italia dell'anima in cui si sogna di tornare
quando la quotidianità tedesca diventa troppo grigia.
Il contrappeso al freddo della vita obbligata,
un'ode all'Italia vissuta e respirata della mia infanzia.

Über das gespannte Nebeneinander von Disziplin
und Anpassung,
von stiller Sehnsucht und kleinen Versöhnungen.
Ein Land, das Ordnung liebte – und in dem man
selbst lernen musste,
sich einzufügen,
ohne sich zu verlieren.

Sull'equilibrio teso di disciplina e adattamento,

di nostalgie silenziose e piccole riconciliazioni.
Un paese che amava l'ordine – e dove bisognava
imparare
a inserirsi
senza perdersi.

Deutschland war ...

Deutschland war:
nicht laut sein.
Nicht stören.
Nicht auffallen.
„Wir sind Gäste“,
sagte mein Vater.
„Gäste müssen sich benehmen.
Doppelt so gut“

Deutschland war:
gekämmte Vorgärten,
gerade Hecken,
keine Wäsche am Sonntag.
Verbotsschilder,
die auf jeder Wiese standen.

Und ein Gefühl,
nicht ganz dazuzugehören,
auch wenn man blieb.

Deutschland war:
viel Arbeit.
Immer fleißig.
Immer korrekt.

Damit „die Deutschen“
nichts sagen konnten.
Ein Leben als Beweisstück.

Und trotzdem –
die Brötchen am Morgen:
hell, duftend,
mit Butter -

und Käsekuchen Sonntag nachmittags.

Ein Stück Geborgenheit,
das es in Italien so nicht gab.

Deutschland war:
wenig Raum
für die Frage nach Rückkehr.

Sie verstummte langsam,
unscheinbar,
wie ein Lied,
das man nicht mehr singt,
weil keiner mehr den Text kennt.

Und ich?

Ich lebte zwischen den Regeln,
balancierte auf dem schmalen Grat
zwischen angepasst
und verloren.

Deutschland war:
sicher,
aber nicht warm.
Ordentlich,
aber selten weich.

Ein Land,
das mich duldete –
aber nicht fragte,
wer ich eigentlich bin.

La Germania era…

La Germania era:
non fare rumore.
Non disturbare.
Non farsi notare.
«Siamo ospiti»,
diceva mio padre.
«Gli ospiti devono comportarsi bene.
Il doppio».

La Germania era:
giardini pettinati,
siepi dritte,
niente panni stesi la domenica.
Cartelli di divieto
in ogni prato.

E una sensazione,
di non appartenere del tutto,
anche se restavi.

La Germania era:
tanto lavoro.
Sempre diligente.
Sempre corretto.
Perché «i tedeschi»
non potessero dire niente.
Una vita come prova.

Eppure –
i panini al mattino:
chiari, profumati,
con il burro –
e la torta al formaggio la domenica pomeriggio.

Un pezzo di sicurezza,
che in Italia non c'era.

La Germania era:
poco spazio
per chiedersi del ritorno.

Quella domanda si spegneva piano,
invisibile,
come una canzone
che non si canta più,
perché nessuno ricorda più il testo.

E io?

Vivevo tra le regole,
camminavo sul filo sottile
tra adattarsi
e perdersi.

La Germania era:
sicura,

ma non calda.
Ordinata,
ma raramente dolce.

Un paese
che mi tollerava —
ma non chiedeva,
chi fossi davvero.

Der stille Schmerz vieler Menschen, die zwischen
zwei Sprachen, zwei Welten,

zwei Möglichkeiten aufgewachsen sind.

Es ist die Frage nach dem ungelebten Leben, das
einem manchmal nachts in den Schlaf flüstert: Was
wäre gewesen, wenn …?

Und gleichzeitig das Wissen: Ich bin hier
angekommen – aber auf wessen Kosten?

Einem lyrischer Monolog über Identität, Verlust,
Zugehörigkeit

—   und die leise Melancholie der „beinahe
Heimat".

Il dolore silenzioso di molte persone cresciute
tra due lingue, due mondi,
due possibilità.
È la domanda sulla vita non vissuta,
che a volte sussurra di notte nel sonno:
E se fosse andata diversamente...?
E allo stesso tempo la consapevolezza:
Sono arrivata qui – ma a quale costo?

Un monologo lirico su identità, perdita,
appartenenza
e la lieve malinconia della «quasi casa».

Was wäre gewesen, wenn …

Was wäre gewesen,
wenn wir geblieben wären?
In Italien.
In der Wärme.
In dem kleinen Ort,
wo jeder jeden kennt
und keiner fragt,
wo du eigentlich herkommst.

Wäre ich dann die Frau
mit kräftigem Akzent auf Deutsch?
Mit fließendem Italienisch
auf dem Amt?
Mit dem Geruch von Basilikum
zwischen den Fingern
und den Klängen
des Mezzogiorno im Ohr?

Stattdessen:

Hier.

Ich falle nicht auf,
wenn ich nichts sage.

Mein Deutsch –
glatt, fehlerfrei,

nur ein Hauch Schwarzwald
verrät mich.

Aber mein Italienisch?
Es stolpert,
wo es einst sang.
Auf Ämtern
fehlten mir die Worte,
beim Fernsehen
verstehe ich manchmal
nur das halbe Lächeln.

Ich bin gut angekommen –
sagen sie.
Und ja,
ich bin sicher hier.
Ich spreche,
ich arbeite,
ich bin
unauffällig geworden.

Aber in mir
lebt ein anderer Ton.
Eine andere Stimme,
die fragt:
„Wäre ich eine andere,
wenn wir geblieben wären?

Oder
bin ich genau die,
die ich nur hier
werden konnte?“

Ich lebe zwischen zwei Antworten.
Und beide
fühlen sich an
wie ein halbes Zuhause.

Cosa sarebbe successo, se…

Cosa sarebbe successo,
se fossimo rimasti?
In Italia.
Nel caldo.
Nel piccolo paese
dove tutti conoscono tutti
e nessuno chiede
da dove vieni davvero.

Sarei stata allora la donna
con un forte accento tedesco?
Con un italiano fluente
negli uffici?
Con l'odore del basilico
tra le dita
e i suoni
del mezzogiorno nelle orecchie?

Invece:

Qui.

Non mi faccio notare,
se non parlo.

Il mio tedesco –
liscio, senza errori,
solo un accenno di Schwarzwald
mi tradisce.

Ma il mio italiano?
Zoppica,
dove una volta cantava.
Negli uffici
mi mancano le parole,
in televisione
a volte capisco
solo metà del sorriso.

Sono arrivata bene –
dicono.
E sì,
qui sto sicura.
Parlo,
lavoro,
sono
diventata
invisibile.

Ma dentro di me
vive un altro suono.
Un'altra voce,
che chiede:
«Sarei diversa,
se fossimo rimasti?
O
sono proprio quella
che ho potuto diventare solo qui?»

Vivo tra due risposte.
E entrambe
sembrano
una casa a metà.

Die Wörter, die fehlten

Meine Eltern
sprachen wenig.
Sie fragten nicht,
wie es mir ging.
Nicht aus Kälte.
Sondern weil sie es
selbst nie gefragt worden waren.

Sie kamen aus einer Zeit,
in der Worte
nichts halfen
gegen leere Töpfe
und schwere Tage.

Ich sprach viel.
In meinem Kopf.
In Tagebüchern.
Später mit Lehrern,
noch später mit Therapeuten.

Mit ihnen aber –
blieben Worte
wie ein Knoten im Hals.
Was ich sagen wollte,

war nicht übersetzbar
in ihre Welt.

Ich lernte,
zwischen den Zeilen zu lesen:
Ein Teller Pasta
als Entschuldigung.
Ein zärtliches Schweigen
statt eines „Ich bin stolz auf dich".
Ein müdes Nicken
als Einverständnis.

Jetzt bin ich selbst Mutter.
Ich spreche.
Frage.
Höre zu.

Aber manchmal,
wenn mein Kind mich ansieht
mit seiner Klarheit,
frage ich mich:
Habe ich verstanden,
was ich nie gesagt bekam?

Und was gebe ich weiter –
bewusst oder unbemerkt?

Le parole che mancavano

I miei genitori
parlavano poco.
Non chiedevano
come stavo.
Non per freddezza.
Ma perché
a loro stessi
non era mai stato chiesto.

Venivano da un tempo
in cui le parole
non servivano
contro pentole vuote
e giornate pesanti.

Io parlavo tanto.
Nella mia testa.
Nei diari.
Poi con gli insegnanti,
più tardi con i terapeuti.

Con loro però –
le parole restavano
come un nodo in gola.
Quello che volevo dire

non era traducibile
nel loro mondo.

Imparai
a leggere tra le righe:
un piatto di pasta
come scusa.
Un silenzio tenero
al posto di un "Sono fiero di te".
Un cenno stanco
come consenso.

Ora sono madre anch'io.
Parlo.
Chiedo.
Ascolto.

Ma a volte,
quando mio figlio mi guarda
con i suoi occhi limpidi,
mi domando:
ho capito davvero
quello che non mi è mai stato detto?

E cosa trasmetto io –
consapevolmente o no?

Das Erben der Heimat durch das eigene Kind
(über die Frage, was bleibt – und was sich still
verwandelt)

Was er mitnimmt

Mein Kind
spricht kein Italienisch.
Vielleicht ein paar Worte,
die ich ihm wie Bonbons
ins Ohr legte
beim Einschlafen.

Er liebt Pizza.
Aber nicht die aus dem Steinofen,
sondern die tiefgefrorene.
Er sagt Nonna
mit deutschem Akzent

Er kennt das Meer,
aber nicht den Wind darin.
Er war auf der Piazza,
aber es war nur ein Urlaubsort.

Er weiß,
dass er anders heißt
als seine Freunde.
Aber er spürt es nicht
jeden Tag.

Und doch –
wenn er lacht
mit dem ganzen Körper,
wenn er mit seinen Händen spricht,
ohne es zu merken,
wenn der Duft von Basilikum
etwas in seinen Augen zum Leuchten bringt –
dann weiß ich:

Etwas bleibt.
Nicht das Land.
Nicht die Sprache.
Aber ein Ton,
ein Rhythmus,
eine Wärme
zieht weiter.
Ganz leise.
Fast unbemerkt.

Heimat wandert.
Auch ohne Koffer.

Ich hatte gehofft,
dass er einmal die Sprache
meiner Kindheit träumen würde.
Aber Träume lassen sich
nicht vererben
wie Häuser oder Schmuck.

Er isst manchmal Pasta mit Ketchup
und lacht über meine Enttäuschung,
nicht wissend,
dass darin ein ganzes Land liegt,
das langsam aus meinen Händen gleitet.

Ich falle nicht auf
in diesem Land,
solange ich meinen Nachnamen
nicht nenne.
Ich spreche akzentfrei,
mein Deutsch ist sauber,
mein Italienisch brüchig.

Und doch:
Wenn er mit seinen Händen redet,
ohne es zu merken,
wenn er am Herd steht
und Knoblauch anbrät
wie meine Mutter –
dann spüre ich:
Etwas ist geblieben.

Heimat wandert.
Leise.
Zwischen Gesten.
In der Art, wie er liebt.

Aber was er nicht kennt:
Das Schweigen.

Die Sprachlosigkeit,
die ich geerbt habe
wie einen alten Koffer
ohne Schlüssel.

Ich habe nie gelernt,
meine Eltern zu fragen,
ob sie Angst hatten.
Ob sie glücklich waren.
Ob sie mich verstanden.

Sie hatten keine Worte dafür.
Sie hatten Arbeit.
Sie hatten Verantwortung.
Und die Hoffnung,
dass es uns besser geht.

Sie reichten mir
den besten Pfirsich aus dem Korb.
Das war ihr „Ich liebe dich.“
Das war alles.

Ich sprach mit mir selbst.
Später mit Fremden.
Noch später mit Therapeuten.
Und jedes Wort
fühlte sich an
wie ein Verrat
an ihrem stillen Opfer.

Jetzt frage ich mein Kind:
„Wie geht es dir?“
Und ich meine es so.

Ich erzähle von früher.
Vom Duft nach Basilikum.
Von der Piazza,
von Nonno,
der deutsche Volkslieder sang
auf dem Weg nach Italien
und den Text vergaß.

Ich erzähle,
damit etwas bleibt.
Nicht das Land.
Nicht die Sprache.
Aber der Ton,
der Rhythmus,
die Wärme.

Damit mein Kind nicht
mit leeren Händen steht,
wenn es sich irgendwann fragt:
Woher komme ich wirklich?

Ciò che resta nei figli – l'eredità silenziosa della patria

(sulla domanda di ciò che resta – e di ciò che silenziosamente si trasforma)

Il mio figlio
parla poco l'italiano.
Qualche parola,
sbiadita
come le etichette
nei vecchi barattoli di marmellata.

Avevo sperato
che avrebbero sognato la lingua
della mia infanzia.
Ma i sogni non si ereditano
come case o gioielli.

Mangia pasta al ketchup
e ride della mia delusione,
senza sapere
che in quel gesto c'è un'intera terra
che lentamente mi sfugge.

Non mi notano,
finché non pronuncio il mio cognome.
Il mio tedesco è perfetto,
senza accento –
solo un'eco dello Schwarzwald.

Eppure:
quando parla con le mani,
senza accorgersene,
quando cucina,
soffiando aglio nell'aria
come faceva mia madre –
allora sento:
qualcosa è rimasto.

La patria viaggia.
Silenziosa.
Tra i gesti.
Nella maniera in cui amano.
Nel modo in cui partono.
E in come ritornano.

Ma quello che lui non sa:
il silenzio.
La muta distanza ereditata
come una valigia antica
senza chiave.

Non ho mai imparato a chiedere
ai miei genitori
se avevano paura,
se erano felici,
se mi capivano.

Non avevano parole per quello.
Avevano lavoro.

Avevano responsabilità.
E la speranza
che a noi andasse meglio.

Mi hanno passato
la pesca più bella del cesto.
Quello era il loro "Ti amo."
Era tutto.

Io parlavo con me stessa.
Poi con estranei.
Poi con terapeuti.
E ogni parola
sembrava un tradimento
del loro silenzioso sacrificio.

Ora chiedo a mio figlio
«Come stai davvero?»
E lo intendo.

Racconto il passato.
Il profumo del basilico.
La piazza.
Nonno,
che cantava canzoni popolari tedesche
durante il viaggio verso l'Italia
e poi si perdeva le parole.

Racconto,
per fare in modo che qualcosa resti.
Non la terra.
Non la lingua.
Ma il tono,
il ritmo,
il calore.

Perché mio figlio non si ritrovi
con le mani vuote un giorno,
quando si chiederà:
Da dove vengo davvero?

Die stille Selbstverständlichkeit familiärer
Verantwortung in migrantischen Familien,
die im Kontrast steht zur eher individualistisch
geprägten Lebensweise in Deutschland.
Ein lyrisch-prosaischer Text, der wie ein innerer
Monolog ist
– ehrlich, zärtlich, mit einem Hauch von
Melancholie, aber auch mit Stolz.…

La silenziosa naturalezza della responsabilità
familiare nelle famiglie migranti,
che si contrappone allo stile di vita più individualista
tipico della Germania.
Un testo lirico-prosaico, simile a un monologo
interiore –
onesto, tenero, con un tocco di malinconia, ma anche
di orgoglio...

Bei uns war das nie eine Frage
(über familiäre Verantwortung in zwei Kulturen)

Bei uns
war das nie eine Frage.

Wenn jemand krank wurde,
kamen wir.
Wenn jemand starb,
waren wir da.
Nicht, weil wir Zeit hatten –
sondern weil es keine Option gab, es nicht zu tun.

Wir lernten früh,
wie man Verantwortung trägt,
wie man Rücksicht nimmt
auf die Langsamkeit der Alten,
auf das Schweigen der Erschöpften.

Es wurde nicht diskutiert,
ob man die Eltern pflegt,
die Geschwister unterstützt,
die Tanten zum Arzt fährt
oder die Oma badet.

Man tat es.

Weil es richtig war.
Weil es Liebe war.

Nicht in Worten –
sondern in Wegen,
die man fuhr.
In Töpfen, die man füllte.
In Nächten, die man wachte.

Und dann sah ich,
wie hierzulande
die Dinge anders liefen.
Wie sich Menschen
„frei machen" mussten
von ihrer Familie,
um sie selbst zu sein.
Wie Eltern im Alter
nach freien Pflegeplätzen suchten
statt nach vertrauten Stimmen.

Ich verstand es.
Intellektuell.
Aber nicht mit dem Herzen.

Bei uns ist Familie
nicht Ort –
sie ist Bewegung.
Sie ist das Netz,
das dich auffängt,

aber auch festhält,
wenn du fliegen willst.

Manchmal war es zu viel.
Ja.
Ich hätte gern öfter
nur für mich gelebt.
Weniger aufgefangen,
mehr losgelassen.

Doch wenn ich heute zurückschaue,
weiß ich:
Dieses Sich-Kümmern
war keine Last.
Es war unser Reichtum.

Ich wünsche mir,
dass wir voneinander lernen.
Dass Selbstbestimmung
nicht gegen Zusammenhalt stehen muss.
Dass Fürsorge
nicht altmodisch ist,
sondern menschlich.

Denn in einer Welt,
die oft nur fragt:
„Was bringt es mir?“
ist es heilsam,
wenn irgendwo noch jemand sagt:
„Ich komme. Ich bin da. Du gehörst dazu.“

Da noi non era mai una domanda
(sulla responsabilità familiare tra due culture)

Da noi
non era mai una domanda.
Se qualcuno si ammalava,
arrivavamo.
Se qualcuno moriva,
c'eravamo.
Non perché avevamo tempo –
ma perché non esisteva
l'opzione di non farlo.

Imparammo presto
a prenderci carico,
a rispettare
la lentezza degli anziani,
il silenzio degli esausti.

Non si discuteva
se assistere i genitori,
aiutare i fratelli,
accompagnare le zie dal medico
o fare il bagno alla nonna.

Lo si faceva.

Perché era giusto.
Perché era amore.
Non a parole –

ma nei chilometri percorsi.
Nei piatti preparati.
Nelle notti vegliate.

E poi vidi
che qui le cose
funzionano diversamente.
Che le persone
devono "liberarsi"
dalla propria famiglia
per poter essere se stesse.

Che i genitori anziani
cercano posti liberi
in case di cura
invece di voci familiari.

Lo capivo.
Con la testa.
Ma non con il cuore.

Da noi la famiglia
non è un luogo –
è un movimento.
È la rete
che ti sostiene,
ma che ti trattiene
quando vuoi volare.

A volte era troppo.
Sì.
Avrei voluto vivere
più spesso per me.
Meno raccogliere,
più lasciare andare.

Eppure oggi,
guardando indietro,
so:
quell'aver cura
non era un peso.
Era la nostra ricchezza.

Vorrei
che imparassimo gli uni dagli altri.
Che l'autodeterminazione
non fosse in contrasto
con la coesione.
Che prendersi cura
non fosse qualcosa di superato,
ma qualcosa di umano.

Perché in un mondo
che spesso chiede solo:
"Che vantaggio ne ho?"
fa bene sapere
che da qualche parte
c'è ancora qualcuno che dice:
"Vengo. Ci sono. Tu fai parte di noi."

Die eigene Aufopferung als Akt der Liebe –
die Individualität der anderen als Luxus,
den man sich selbst nie erlaubte.
Das ist ein kraftvoller, schmerzhafter Punkt
– und zugleich ein leiser, stiller Konflikt,
den viele Migrantinnen der ersten Generation
(und oft auch deren Kinder) tief in sich tragen:

Il proprio sacrificio come atto d'amore –
l'individualità degli altri come un lusso
che a se stessi non ci si è mai concessi.
Questo è un punto potente e doloroso –
e allo stesso tempo un conflitto lieve e silenzioso,
che molte migranti della prima generazione
(e spesso anche i loro figli) portano profondamente
dentro di sé:

Was ich mir nie erlaubt habe
(über aufopfernde Liebe, verlorene Träume und das stille Staunen über ein anderes Leben)

Ich habe nicht gelernt,
an mich zu denken.

Schon als Kind
war ich die Große.
Die Starke.
Die, die verstand,
die half,
die verzichtete.

Später war es normal:
dass ich zurücksteckte,
wenn jemand anderes vorankam.
Dass ich blieb,
wenn andere gingen.
Dass ich aushielt,
wenn es zu viel wurde.

Nicht, weil ich Heilige sein wollte.
Sondern,
weil es bei uns so war.

Man lebt nicht nur für sich.
Man trägt mit.

Man hält aus.
Man hilft.
Ohne zu fragen,
was zurückkommt.

Ich sah,
wie deutsche Freundinnen
auszogen mit 18,
auf Weltreise gingen,
Jobs kündigten,
Leben entwarfen
nach eigenen Skizzen.

Ich war froh für sie.
Und gleichzeitig
fremd.

Denn ich wusste:
Wenn ich gehe,
bleibt alles liegen.
Es war nicht böse gemeint.
Es war einfach so.
Ich war die Achse,
die stumme Mitte.
Die, die nicht fragt:
„Was will ich?“
sondern:
„Was wird gebraucht?“

Manchmal,
nachts,
wenn alle schliefen,
saß ich da
und fragte mich,
wie mein Leben ausgesehen hätte,
wenn ich auch einmal
nur an mich gedacht hätte.

Ein kleiner Buchladen vielleicht.
Ein Beruf mit Zeit zum Atmen.
Eine Wohnung,
in der niemand anderes
etwas von mir braucht.

Aber dann sehe ich sie.
Meine Familie.
Und weiß:
Ich habe geliebt.
Auf meine Art.
Still.
Unauffällig.
Durch das,
was ich nicht getan habe:
Ich bin nicht gegangen.

Doch heute
lerne ich,
dass man sich selbst
nicht auf ewig aufschieben kann.

Dass Liebe,
die keine Luft lässt,
zur Last wird.
Dass Aufopferung
kein Versprechen ist –
sondern oft ein stiller Schrei,
den niemand hört.

Und ich wünsche mir,
dass mein Kind
es anders machen darf.
Aber auch:
dass er sieht,
was es gekostet hat,
dass er das heute kann.

**Quello che non mi sono mai concessa
(sull'amore sacrificale, i sogni perduti e lo
stupore silenzioso per un'altra vita)**

Non ho mai imparato
a pensare a me stessa.
Già da bambina
ero la grande.
La forte.
Quella che capiva,
che aiutava,
che rinunciava.

Più tardi fu normale:
che mi facessi da parte
quando qualcun altro andava avanti.
Che restassi
quando gli altri partivano.
Che resistessi
quando era troppo.
Non perché volessi essere una santa.
Ma
perché da noi era così.
Non si vive solo per sé.
Si condivide.
Si sopporta.
Si aiuta.
Senza chiedere
cosa si riceve in cambio.

Vedevo
le amiche tedesche
andare via a diciott'anni,
fare il giro del mondo,
lasciare il lavoro,
disegnarsi una vita
secondo i propri sogni.

Ero felice per loro.
E allo stesso tempo
mi sentivo estranea.
Perché sapevo:
se vado via,
tutto resta fermo.
Non era cattiveria.
Era semplicemente così.
Ero l'asse,
il centro silenzioso.
Quella che non chiede:
"Cosa voglio io?"
ma:
"Cosa serve ora?"

A volte,
di notte,
quando tutti dormivano,
mi sedevo
e mi chiedevo
come sarebbe stata la mia vita

se anche io
una volta sola
avessi pensato solo a me.
Una piccola libreria, forse.
Un lavoro con tempo per respirare.
Un appartamento
in cui nessuno
avesse bisogno di qualcosa da me.

Ma poi li guardo.
La mia famiglia.
E so:
ho amato.
A modo mio.
In silenzio.
Senza clamore.
Attraverso
ciò che non ho fatto:
Non sono andata via.

Ma oggi
sto imparando
che non si può
rimandare se stessi per sempre.
Che l'amore
che non lascia respiro
diventa un peso.
Che il sacrificio
non è una promessa –

ma spesso un grido silenzioso
che nessuno sente.

E desidero
che mio figlio
puo fare diversamente.
Ma anche:
che capisce
cosa è costato
perché oggi
questo sia possibile.

In einem Leben, das oft von Pflicht, Anpassung und
Verantwortung geprägt war,
sind solche heimlichen Momente von Freiheit und
Rebellion wie kleine, gestohlene Atemzüge – kostbar,
vergänglich, unvergessen.
Das Heimliche, das Verbotene – aber auch das
Lebendige darin.
Es ist eine zarte Hommage an das Mädchen, das ich
einmal wart, und das sich – trotz allem – Raum für
sich selbst geschaffen hat

In una vita segnata spesso dal dovere,
dall'adattamento e dalla responsabilità,
quei momenti segreti di libertà e ribellione
sono come piccoli respiri rubati –
preziosi, effimeri, indimenticabili.
Il nascosto, il proibito –
ma anche ciò che vi era di vivo.
È un omaggio delicato alla bambina che un tempo
sono stata,
e che – nonostante tutto –
ho saputo ritagliarsi uno spazio per mé stessa.

Was ich mir nie hätte erlauben dürfen – aber heimlich tat

Ich war das brave Mädchen,
mit dem gut gekämmten Haar
und den Schulheften,
die nie Eselsohren hatten.

Tochter aus gutem Haus,
streng erzogen,
streng behütet,
streng kontrolliert.

Italienisch.
Katholisch.
Eine von denen,
die wissen mussten,
dass der Ruf der Familie
schneller ruiniert war
als man „Ti amo“ flüstern konnte.

Und doch
gab es diese Nächte.

Wenn die Dunkelheit
gnädiger war als meine Eltern,
wenn das Fenster leise aufschwang
wie ein Versprechen.

Ich zog leise die Schuhe aus,
kletterte hinaus
ins leise Kichern der Freiheit.

Partys,
bei denen andere so waren,
wie ich nie sein durfte.
Laut.
Unbeschwert.
Grell geschminkt.
Küssend in Ecken.
Tanzend mit geschlossenen Augen.

Ich war da,
aber immer mit einem halben Bein
wieder auf dem Heimweg.

Das schlechte Gewissen
klopfte im Takt der Musik.
Und doch blieb ich –
immer ein bisschen zu lang.

Weil es mein einziger Raum war
zu sein,
wer ich wirklich war.
Oder sein wollte.

Es war nicht oft.
Aber ich erinnere mich
an jede dieser Nächte

besser
als an viele Tage.

An das Zittern beim Heimkommen.
An das Geräusch
der zurückgeschobenen Rollos.
An das Kratzen des Schlüssels
in der falschen Jackentasche.
An das Herzklopfen
vor der Schlafzimmertür meiner Eltern.

Ich tat,
was ich nicht durfte.
Und war dabei
nicht schlecht –
sondern lebendig.

Heute lächle ich
über das Mädchen,
das heimlich lebte.
Und ich danke ihr.
Denn sie war der Teil von mir,
der nicht nur für andere lebte.

**Ciò che non avrei dovuto permettermi – ma ho
fatto di nascosto
Un respiro segreto tra due universi**

Ero la brava bambina,
con la treccia ordinata
e i quaderni senza pieghe.

Figlia di buona famiglia,
educata con rigore,
custodita,
controllata.

Italiana.
Cattolica.
Una di quelle
che sapeva che la famiglia
era sacra,
e l'errore grave.

Eppure
ci sono state quelle notti.

Quando l'oscurità
era più gentile dei miei genitori,
quando la finestra
si apriva come una promessa.

Toglievo le scarpe di nascosto,
s'innalzava il cuore
verso il buio
e il leggero profumo d'incanto.

Feste dove altri vivevano
come volevo farlo io.
Risa, baci furtivi,
occhi chiusi di emozione,
musica che riempiva l'anima.

Ero lì,
ma sempre con un piede
nella porta di casa.

Il senso di colpa
batte – in rima con la musica.
Eppure restavo,
sempre un po' di più.
Perché era l'unico spazio
in cui io potevo
essere davvero me.

Non era frequente.
Ma ricordo
quelle notti
meglio
che molti giorni interi.

Il ritorno in punta di piedi.
Il cigolio dell'ultimo gradino.
La luce fioca della camera.
La chiave che si incastrava.
E l'ansia…
ormai un'eco.

Ho fatto ciò che non dovevo.
E non ero male –
ero viva.

Oggi sorrido
davanti a quella ragazza
che usciva senza permesso.
E la ringrazio.
Perché era lei
il frammento di me
che non volevo perdere.

„Verbotene Freiheiten" oder „Und doch getan" –
über das kleine Aufbegehren im Leben zwischen
zwei Welten
Strenge aus Liebe, Kontrolle aus Angst,
und Aufbegehren aus dem Bedürfnis zu leben.
Die „verbotenen Freiheiten" sind oft keine großen
Rebellionen – sondern kleine Rettungen der eigenen
Identität in einem Leben, das früh Verantwortung
verlangte.

Pflicht gegen Sehnsucht

„Libertà proibite" o „Eppure l'ho fatto" – sulla
piccola ribellione in una vita tra due mondi
Severità per amore, controllo per paura,
e ribellione per il bisogno di vivere.
Le "libertà proibite" non sono quasi mai grandi
rivolte –
ma piccoli salvataggi dell'identità propria,
in una vita che ha chiesto responsabilità troppo
presto.
Dovere contro desiderio.

Verbotene Freiheiten
Ein Leben zwischen Erwartungen
und eigenem Atem

Ich durfte vieles nicht.
Nicht, weil ich schlecht war –
sondern weil meine Eltern
nur das Beste für mich wollten.

„Was sollen sonst die Leute sagen?"
war ein Satz,
der schwerer wog
als jedes Verbot.

Der Ruf,
die Ehre,
der Anstand.
Nicht reden.
Nicht auffallen.
Nicht den Blicken Anlass geben.

Ich verstand es irgendwann.
Dass ihre Strenge
auch Sorge war.
Dass sie mich schützen wollten
vor dem,
was sie selbst nicht kannten.

Vor diesem freien Deutschland,
das ihnen fremd blieb.

Doch ich war nicht sie.
Ich wuchs
zwischen den Welten.

Ich ging zur Schule,
las deutsche Bücher,
lauschte heimlich Liedern,
die sie nie verstehen würden.
Ich lernte,
dass Freiheit nicht laut sein muss –
manchmal reicht ein einziger Schritt
aus dem Fenster.

Und so ging ich heimlich.
Auf Partys.
Mit glühenden Wangen
und Herzrasen,
das nichts mit Musik zu tun hatte.

Ich tanzte wie jemand,
der für einen Abend
nicht Tochter war.
Nicht Stellvertreterin der Familie.
Nicht Vorzeigemigrantin.
Einfach nur ich.
16.

Mit Lippenstift,
den ich im Bus wieder ab rubbelte.

Ich schlich mich zurück
mit Schuhen in der Hand
und der Angst im Nacken,
ertappt zu werden.

Aber ich tat es wieder.
Und wieder.
Nicht aus Trotz –
sondern um zu spüren,
dass ich lebe.

Bei uns
verlässt man das Haus nicht,
bevor man heiratet.
Aber ich verließ es trotzdem –
in Gedanken,
in Liedern,
in kurzen Nächten,
in heimlichen Gesprächen
am Fenster mit jemandem,
der mich schön fand.

Heute
weiß ich,
dass ich keine Rebellin war.

Ich war einfach
ein junges Mädchen,
das sich selbst nicht verlieren wollte
zwischen dem Schweigen
und den Erwartungen.

Ich trug Verantwortung,
aber ich trug auch Sehnsucht.

**Libertà proibite
Una vita tra dovere e respiro proprio**

Non mi era permesso molto.
Non perché fossi cattiva –
ma perché i miei genitori
volevano solo il meglio per me.

«Che diranno gli altri?»
era una frase
che pesava più di ogni divieto.

Onore,
rispetto,
decoro.
Niente chiasso.
Niente occhi puntati.
Niente discussioni.

Capivo:
la loro severità
era premura.
Volevano proteggermi
da ciò che non conoscevano.
Da questo Paese libero,
che a loro pareva strano.

Ma io non ero loro.
Crescevo
tra due mondi.

Andavo a scuola,
leggevo libri tedeschi,
ascoltavo canzoni proibite,
incantata dai suoni che loro
non avrebbero mai sentito.
Ho imparato che la libertà
non deve gridare –
a volte basta un solo passo
dal balcone verso la notte.

Così uscivo di nascosto.
Alle feste.
Con le guance rosse
e il cuore in gola,
che batteva per sé.

Ballavo come chi
per una notte
non è figlia.
Non è portavoce.
Non è esempio.
Solo io.
Sedici anni.
Con un rossetto
che poi cancellavo sull'autobus.

Rientravo in punta di piedi,
le scarpe in mano,
il terrore alla nuca,
che mi colgessero.

Ma lo rifacevo.
Ancora.
Non per ribellione –
perché volevo sentirmi viva.

Da noi
non si lascia la casa
prima del matrimonio.
Ma io ho varcato la soglia lo stesso –
in pensieri,
in melodie,
in notti segrete,
in sguardi sotto i lampioni
con chi mi trovava bella.

Oggi so
che non ero una ribelle.

Ero solo
un'adolescente
che non voleva perdere se stessa
tra silenzi
e aspettative.

Portavo il peso,
ma dentro anche la voglia.
Entrambe fanno me.
Entrambe sono casa.

Was ist Heimat?
Ist es ein Ort? Eine Sprache? Ein Geruch? Ein
Gefühl? Oder nur eine Sehnsucht?

Gerade in meinem Leben, das zwischen Ländern,
Kulturen, Sprachen und Rollen verlaufen ist, ist diese
Frage nicht nur theoretisch – sondern existenziell.

Über diese Zerrissenheit und die Vielfalt meiner
Heimatgefühle

Cos'è la patria?
È un luogo? Una lingua? Un odore? Un sentimento?
O solo una nostalgia?
Soprattutto nella mia vita – vissuta tra paesi, culture,
lingue e ruoli –
non è una domanda teorica, ma esistenziale.
Su questa lacerazione
e sulla molteplicità dei miei sentimenti di
appartenenità…

Und wo ist deine Heimat?

Sie fragen mich oft:
„Wo kommst du her?“
Und ich weiß nie,
was sie wirklich meinen.

Die Stadt,
in der ich zur Schule ging?
Das Dorf,
in dem meine Kindheit duftete
nach Basilikum und Staub?
Oder der Ort,
den ich verlassen musste,
bevor ich wusste,
dass man ihn vermissen würde?

Meine Heimat
hat mehrere Namen,
mehrere Gerüche,
mehrere Sprachen.

Sie schmeckt nach
Käsekuchen und Ricotta,
riecht nach Zitrone
und Schneeluft,
singt alte Volkslieder
und Kinderserien-Melodien.

Manchmal ist Heimat
eine Bushaltestelle
in einem deutschen Dorf,
wo ich das erste Mal
alleine wartete
und niemand mich verstand.

Manchmal ist sie
das Feld hinter dem Haus
meiner Tante,
wo die Feigen süß und warm
vom Baum fielen.

Und manchmal
ist sie nichts
als ein Ziehen im Herzen,
wenn ich irgendwo bin
und weiß:
Ganz bleibe ich nie.

Ich habe Heimweh
nach einem Ort,
den es so nicht mehr gibt.
Und bin gleichzeitig
die Heimat
für mein Kind,
das hier geboren wurde
und dort nur Urlaub macht.

Ich bin kein Gast mehr,
aber auch kein Einheimischer.
Ich bin etwas Dazwischen,
etwas Eigenes.
Ich bin der Fluss
zwischen zwei Ufern.
Und auch wenn ich manchmal
an Land möchte –
ich habe gelernt,
im Wasser zu leben.

E dov'è la tua patria?

Mi chiedono spesso:
«Da dove vieni?»
E non so mai
cosa intendano davvero.
La città
in cui andavo a scuola?
Il paese
dove la mia infanzia profumava
di basilico e polvere?
O il luogo
che dovetti lasciare
prima ancora
di sapere che mi sarebbe mancato?

La mia patria
ha più di un nome,
più di un odore,
più di una lingua.
Sa di
torta al formaggio e ricotta,
profuma di limone
e aria di neve,
canta vecchie canzoni popolari
e sigle di cartoni animati.

A volte, patria
è una fermata d'autobus

in un villaggio tedesco,
dove per la prima volta
ho aspettato da sola
e nessuno capiva le mie parole.
A volte è
il campo dietro la casa
di mia zia,
dove i fichi cadevano dolci e caldi
dall'albero.

E a volte
non è altro
che un nodo nel cuore,
quando mi trovo da qualche parte
e so:
intera, non lo sarò mai.

Ho nostalgia
di un luogo
che non esiste più così com'era.
E allo stesso tempo
sono io la patria
per i miei figli,
nati qui
e là solo in vacanza.

Non sono più un'ospite,
ma nemmeno del tutto del posto.
Sono qualcosa di mezzo,
qualcosa di mio.
Sono il fiume
tra due rive.
E anche se a volte
vorrei toccare terra –
ho imparato
a vivere nell'acqua.

Und an Euch, die ihr lest:
Seht nicht nur das Heute
in denen,
die hier leben
mit fremdem Namen,
anderen Ritualen,
gebrochenem Deutsch
oder akzentfreiem Schweigen.

Hört auch das Gestern in uns.
Die gepackten Koffer unserer Eltern,
die unausgesprochenen Wünsche,
die Angst, nicht dazuzugehören,
auch wenn man längst bleibt.

Wir tragen vieles –
nicht immer sichtbar.
Verantwortung,
Erinnerung,
das Versprechen,
es unseren Kindern leichter zu machen.

Was ihr „Integration" nennt,
nannten wir Überleben.
Was ihr als Abstand empfindet,
war für uns oft Schutz.
Vor Blicken.
Vor Missverständnissen.

Vor dem Gefühl,
nicht genug zu sein.

Fragt.
Hört zu.
Nicht aus Mitleid,
sondern aus Mitmenschlichkeit.

Denn Heimat –
ist nichts,
was man besitzt.
Sie ist etwas,
das man teilt.

Appello ai lettori:

E a voi, che leggete:

Non vedete solo il presente
in chi vive qui
con un nome straniero,
altre abitudini,
un tedesco spezzato
o un silenzio senza accento.

Ascoltate anche il passato in noi.
Le valigie dei nostri genitori,
i desideri inespressi,
la paura di non appartenere,
anche restando.

Portiamo molto –
non sempre visibile.
Responsabilità,
memoria,
la promessa
di rendere tutto più facile ai nostri figli.

Quel che chiamate "integrazione",
per noi era sopravvivenza.
Quel che avvertite come distanza,
per noi era spesso protezione.
Dalle sguardi.
Dalle incomprensioni.

Dalla sensazione
di non essere abbastanza.

Chiedete.
Ascoltate.
Non per pietà,
ma per umanità vera.

Perché la patria –
non è possesso.
È condivisione.